AF549283

VÖGEL,
FLUGKUNST,
FEDERKLEID

Text und Illustrationen
YUVAL ZOMMER

Vogelexpertin
BARBARA TAYLOR

Aus dem Englischen
CORNELIA PANZACCHI

Findest du …

… genau dieses Ei 15-mal auf den folgenden Seiten? Verwechsle es aber nicht!

VÖGEL, FLUGKUNST, FEDERKLEID

SAUERLÄNDER

WER FLIEGT DENN HIER?

DER STAMMBAUM DER VÖGEL

Wie viele Vögel gibt es?

Wir kennen über 10 000 Arten, die in eine Vielzahl von Familien eingeteilt sind. Diese Einteilung richtet sich nach ihrem Aussehen und ihrer Lebensweise.

Greifvögel

... wie Habichte, Falken, Adler und Geier
... haben scharfe Augen.
... packen Beutetiere mit den Fängen.

Eulen

... jagen meistens nachts.
... hören ausgezeichnet.

Waldvögel

... wie Spechte, Tukane, Papageien, Kolibris, Pfauen und Ringeltauben
... leben in Wäldern.
... brauchen Bäume, weil sie auf ihnen nisten und Schutz und Futter suchen.

Singvögel

... wie Sperlinge, Rotkehlchen, Drosseln, Schwalben, Krähen, Finken, Elstern und Bachstelzen

... können sich mit ihren Zehen fest an Zweige klammern und in dieser Stellung sogar schlafen.

Wasservögel

... wie Enten, Gänse, Schwäne, Reiher, Säbelschnäbler und Flamingos

... sind gute Flieger.

... nisten am Boden.

... besitzen Schwimmfüße.

Seevögel

... wie Papageientaucher, Albatrosse, Pelikane und Seeschwalben

... haben wasserabweisendes Gefieder und Schwimmfüße.

... können sehr gut schwimmen, fliegen und Fische fangen.

Flugunfähige Vögel

... wie Strauße, Emus, Pinguine, Blaurallen und Kiwis

... sind zum Fliegen zu schwer oder haben es einfach nicht nötig.

VÖGEL BEOBACHTEN

Was halten Vögel von uns?

Wild lebende Vögel gehen Menschen möglichst aus dem Weg. Wenn du sie beobachten willst, musst du still und leise und sehr geduldig sein.

Nichts anfassen!

Falls du ein Nest entdeckst, darfst du es auf keinen Fall berühren und die Eier oder Küken natürlich auch nicht!

Detektivarbeit

Vögel verraten sich durch Spuren. Sie hinterlassen Federn, Eierschalen, Kot oder auch Knochen und andere erbrochene Nahrungsreste.

Die Musik der Natur

Häufig hörst du Vögel zwitschern oder rufen. Wenn du ein paar Vogelstimmen auswendig lernst, fällt es dir leichter, diese Vögel aufzuspüren.

Ausrüstung für Vogelfreunde

Nimm zum Vogelbeobachten ein Fernglas mit. Auch ein Heft ist nützlich, für Notizen und schnelle Skizzen.

FEDERN UND FLIEGEN

Warum haben Vögel Federn?

Nur Vögel besitzen ein Gefieder. Es wärmt den Vogel, bei vielen Arten schützt es auch vor Wasser. Federn sind leicht und tragen dazu bei, dass Vögel fliegen können. Federn bestehen aus Keratin, aus dem auch unsere Haare und Nägel sind.

Wie viele Federn hat ein Vogel?

Ein großer Vogel wie zum Beispiel ein Schwan besitzt bis zu 25 000 Federn, ein kleiner Kolibri nur ungefähr 1000.

Farbenpracht

Vögel können Farben sehen und erkennen Artgenossen an den Mustern und Farben ihres Gefieders.

Schick und praktisch

Farben und Muster des Gefieders dienen nicht nur als Erkennungszeichen. Die Männchen mancher Arten bekommen in der Balzzeit ein Prachtgefieder, mit dem sie Weibchen anlocken. Der männliche Raggi-Paradiesvogel beeindruckt durch überlange Federn!

Wasserfest

Enten und andere Wasservögel bestreichen ihr Gefieder mit einem Öl aus Drüsen. Die Federn sind dann wasserabweisend: Das Wasser perlt ab!

VOGELZUG

Wo fliegen Vögel im Winter hin?

Ungefähr die Hälfte der bei uns lebenden Vögel zieht jedes Jahr in Gegenden, in denen es wärmer ist oder mehr zu fressen gibt. Deshalb nennt man sie Zugvögel. Es gibt sogar Vögel, die von einer Seite der Erde auf die andere ziehen.

Innere Uhr

Ein Zugvogel weiß, wann es Zeit ist, sich auf den Weg zu machen. Das verrät ihm seine innere Uhr. Und er weiß: Wenn die Tage kürzer werden, naht der Winter!

Nachtflüge

Viele Zugvögel fliegen nachts, weil dann keine Greifvögel unterwegs sind. Der Zug in den Norden oder Süden ist immer eine gefährliche Reise. Viele Vögel sterben an Erschöpfung oder durch Unwetter.

Orientierungshilfen

Vögel orientieren sich an Bergen und Flüssen, die sie kennen. Auch achten sie auf die Positionen von Sonne und Sternen. Sie nehmen Magnetfelder der Erde wahr und wissen dadurch, wo Norden ist.

Notfalls zu Fuß

Emus können nicht fliegen und ziehen trotzdem: Ein Emu legt zu Fuß 500 Kilometer und mehr pro Jahr zurück.

BARTKAUZ

Wo hat der Bartkauz seinen Bart?

Er hat gar keinen. Dafür besitzt er auffällige geringelte Federkreise rings um die Augen, die man als »Gesichtsschleier« bezeichnet.

Und wo sind seine Ohren?

Die sind unter dem Gefieder versteckt. Doch der Gesichtsschleier ist so geformt, dass er den Schall zu den Ohren hin leitet. Deshalb hört der Bartkauz sehr gut.

Leise, aber tödlich

Eulenfedern lassen die Luft durchströmen. Deshalb ist der Flug der Eulen lautlos, und Beutetiere hören sie nicht kommen.

Schau dich um!

Weil Eulen doppelt so viele Halswirbel haben wie wir, können sie ihren Kopf beinahe ganz bis auf den Rücken drehen.

Supersinne

Eulen haben ein derartig feines Gehör, dass sie sogar Beutetiere wahrnehmen, die sich unter dem Schnee verstecken. Sie fliegen die Beute an und packen sie mit den Fängen.

FLAMINGOS

Warum sind Flamingos pink?

Flamingos ernähren sich vorwiegend von Krabben und Algen. In diesem Futter sind Farbstoffe enthalten, die das Flamingogefieder rosa bis rot färben.

Schlammsuppe

Bei der Nahrungssuche wirbelt der Flamingo den Schlamm am Gewässerboden auf. Mit dem siebartigen Schnabel filtert er das schlammige Wasser. Alles Genießbare, das hängen bleibt, schluckt er hinunter.

Balancekünstler

Flamingos schlafen gerne auf einem Bein stehend. Warum sie das so machen, weiß niemand.

Kühlendes Pipi

Wenn es einem Flamingo zu heiß wird, pinkelt er auf seine Beine, um sich abzukühlen.

Balletttruppe

Um einen Partner für sich zu gewinnen, kann ein Flamingo einen sehr lauten und aufwendigen Balztanz vorführen – allein oder zusammen mit bis zu 50 Freunden.

ELSTER

Stehlen Elstern wirklich alles, was glänzt?

Elstern heben gerne Gegenstände auf und untersuchen sie, stehlen sie aber normalerweise nicht. Glänzende Dinge machen ihnen eher Angst.

Elsternversammlung

Manchmal treffen sich viele Elstern an einem Ort und »unterhalten« sich laut.

Luftruder

Die Elster hat sehr lange Schwanzfedern. Im Flug ermöglichen sie ihr schnelle Wendungen.

Gutes Gedächtnis

Eine Elster kann sich an die Gesichter von Menschen erinnern und sogar ihre Stimmen nachahmen.

Partnerlook

Anders als bei vielen Vogelarten sehen Männchen und Weibchen bei den Elstern genau gleich aus. Ihre schwarzen Federn schimmern im Sonnenlicht grünlich.

EISVOGEL

Essen Eisvögel Eis?

Nein, sondern Fische. Mit dem scharfen Schnabel spießen sie ihre Beute unter Wasser auf. Außerdem mögen sie auch Insekten, Kaulquappen und Schnecken.

Mitsamt den Schuppen

Der Eisvogel verschlingt den Fisch mit dem Kopf zuerst. Auf diese Weise bremsen die Schuppen des Fischs nicht und kratzen den Vogel auch nicht im Hals.

Erst mal checken

Vor dem Eintauchen schwebt der Eisvogel über dem Wasser und steckt den Kopf hinein. So sieht er, wie tief der Fisch schwimmt.

Schmuddelige Höhle

Eisvögel graben sich in der Uferböschung Höhlen. Gräten und Kot lassen sie einfach herumliegen!

Findest du ...

... drei Eisvogelweibchen? Die untere Hälfte ihres Schnabels ist pink-orange.

FLUGUNFÄHIGE VÖGEL

Warum können manche Vögel nicht fliegen?

Einige Arten können auch am Boden gut überleben. Oft sind ihre Flügel klein und ihre Körper sehr schwer. Ein Strauß ist siebenmal zu schwer, um zu fliegen.

Lauf um dein Leben!

Flugunfähige Vögel laufen vor Gefahren davon. Oft sind sie sehr schnell. Ein Emu erreicht 50 Stundenkilometer!

Ein ruhiges Leben

Als die Blaurallen nach Neuseeland kamen, fanden sie dort keine Fressfeinde vor. Deshalb brauchten sie gar nicht mehr zu fliegen.

Leben am Boden

Kiwis leben in Neuseeland in Bauten im Boden. Nachts suchen sie nach Würmern. Der Kakapo, der einzige flugunfähige Papagei der Welt, ist ebenfalls in Neuseeland zu Hause und lebt dort in den Wäldern.

Sonnenschutz

Auch ein flugunfähiger Vogel kann seine Flügel sinnvoll einsetzen. Die Galapagosscharbe, eine flugunfähige Kormoranart, verschafft ihren Küken damit Schatten.

SEKRETÄR

Arbeitet der Sekretär im Vogelbüro?

Der Sekretär heißt so, weil die langen Federn auf seinem Kopf wie altmodische Schreibfedern aussehen. Zur Arbeit gehen muss dieser Vogel also nicht.

Groß und dünn

Der Sekretär ist mit 1,2 Metern Höhe der größte Greifvogel der Welt.

Schlangenmatsche

Der Sekretär frisst am liebsten Schlangen. Wenn er eine entdeckt hat, tötet er sie, indem er auf ihr herumtrampelt oder sie mit dem Schnabel zerhackt.

Schlechte Essmanieren

Gewöhnlich verschlingt er seine Beute ganz.

Schicker Vogel

Der Sekretär trägt nicht nur 20 glänzend schwarze Federn auf dem Kopf, sondern hat auch besonders lange Wimpern.

PAPAGEIEN

Können Papageien sprechen?

Papageien zählen zu den intelligentesten Vögeln. Mitunter ahmen sie Menschenstimmen nach. Sie tun es, weil sie glauben, mit diesen Lauten den Kontakt zu ihren Menschen zu halten.

Freches Grinsen

Beim Papagei ist der Oberschnabel nach unten gebogen und der Unterschnabel nach oben. Deshalb sehen Papageien wie dieser Hellrote Ara immer fröhlich aus.

Kuschelhöhle

Papageien bauen ihre Nester in Baumlöchern, Felsen und Böschungen oder zwischen Steinen am Boden.

Hundertjähriger Papagei

Papageien der Art Ara werden bis zu 100 Jahre alt!

Ein schönes Paar

Papageien der Gattung Unzertrennliche bleiben ein Leben lang mit demselben Partner zusammen.

WEISSKOPF-SEEADLER

Ein echter Star

Der in Nordamerika heimische Weißkopfseeadler ist der Wappenvogel der USA. Dadurch wurde diese Art weltberühmt.

Adleraugen

Ein Weißkopfseeadler sieht viermal besser als ein Mensch mit perfekter Sehkraft.

Echter Überflieger

Mit seinen großen und kräftigen Flügeln kann dieser Greifvogel bis zu 3000 Meter hoch über dem Boden fliegen. Das ist ungefähr achtmal so hoch wie der Berliner Fernsehturm!

Echte Amerikaner

Weißkopfseeadler kommen ausschließlich in Nordamerika vor und sind dort nach dem Kalifornischen Kondor die größten Greifvögel.

Fisch-Fan

Mit seinen Fängen schnappt er sich Fische aus dem Wasser. Gelegentlich jagt er aber auch Vögel und kleine Säugetiere wie Eichhörnchen.

PAPAGEIENTAUCHER

Ist das auch ein Papagei?

Nein. Papageientaucher heißen so, weil sie Papageien ein bisschen ähnlich sehen. Doch sie haben eine ganz andere Lebensweise: Sie sind Seevögel.

Rauer Mund

Die Zunge ist rau wie eine Raspel und innen im Mund sind Stacheln. Deshalb kann der Papageientaucher viele kleine glitschige Fische gleichzeitig festhalten.

Schlechte Laune

Wenn ein Papageientaucher mies drauf ist, stampft er mit den Füßen und sperrt den Schnabel weit auf. Gegen Artgenossen kämpft er mit dem Schnabel.

Flotter Flieger

Ein Papageientaucher fliegt bis zu 88 Stundenkilometer schnell.

Bruchpilot

Eine saubere Landung gelingt diesen Vögeln nur selten. Oft krachen sie dabei gegen Artgenossen.

NESTER

Wo ist der beste Platz für ein Nest?

Überall dort, wo es sicher und trocken ist.
Je nach Art nisten Vögel auf einem Baum, am Boden oder in einer Höhle.

Geschickte Baumeister

Vögel verwenden für den Nestbau die unterschiedlichsten Dinge: Zweige, Gras, Schlamm, Haare …
Der Rotstirn-Schneidervogel näht mit dem Schnabel Blätter zusammen. Als Faden nutzt er Spinnennetze.

Schattiges Zuhause

Die Höhlensalangane baut ihr Nest aus Zweigen und Speichel so, dass es an einer Höhlendecke klebt.

Wusstest du …

… dass das Kuckucksweibchen seine Eier in die Nester anderer Vögel legt? Wenn der junge Kuckuck geschlüpft ist, wird er von seinen Pflegeeltern großgezogen.

Lehmnest

Rosttöpferpaare bauen ihr Nest aus Schlamm. Fertig ist es so groß wie ein Fußball und sehr hart und stabil. Es sieht dann wie ein kleiner Pizzaofen aus!

EIER

Warum sind Eier an einem Ende spitz?

Weil sie dadurch gut in den Vogelkörper passen und auch nicht so leicht aus dem Nest rollen. Eierlegen ist für Vogelweibchen praktischer. Hätten sie ihre Jungen die ganze Zeit im Bauch, wären sie zu schwer, um zu fliegen.

Groß und klein

Straußenweibchen legen die allergrößten Eier: Sie sind ganze 16 Zentimeter lang! Die Eier der kleinsten Kolibriart Bienenelfe sind nur sechs Zentimeter lang.

Brutzeit

Die Eier müssen durchgehend gewärmt werden. Das nennt man brüten. Manche Vögel verlieren kurz vor der Brutzeit die Federn am Bauch, so dass ihre Körperwärme die Eier noch stärker beheizt.

Bunte Eier

Eier von Vögeln, die in dunklen Höhlen brüten, sind meist weiß. Andere Eier sind oft so gefärbt, dass sie gut getarnt sind und nicht auffallen.

Eieröffner

Wenn es Zeit zum Schlüpfen ist, bricht das Küken die Eierschale mit Hilfe seines Eizahns auf. Das ist ein kleiner Höcker oben auf dem Schnabel.

ALBATROSSE

Warum sind Albatrosse so groß?

Die Spannweite eines Wanderalbatros beträgt 3,5 Meter! Mit diesen Riesenflügeln kann er gut durch die Luft gleiten, ohne sie viel bewegen zu müssen. So spart er auf langen Flügen Kraft.

Gefährlicher Irrtum

Ebenso wie viele andere Seevögel halten Albatrosse im Meer treibendes Plastik für essbar und füttern damit auch ihre Jungen, die davon sehr krank werden können.

Autopilot

Auf Langstreckenflügen kann ein Albatros seine Flügel dank einer besonderen Sehne so einklinken, dass sie weit ausgebreitet sind, ohne dass es ihn anstrengt.

Ganz viele Federn ... oder keine

Ein Albatros besitzt 88 Schwungfedern und damit mehr als jeder andere Vogel. Bei Albatrosküken dauert es bis zu 40 Wochen, bis ihr Flaum durch richtige Federn ersetzt ist.

Leben auf der Insel

Albatrosse nisten immer in großen Gruppen auf Inseln, wo sie vor Fressfeinden sicher sind. Jedes Weibchen legt sein Ei nur auf der Insel, auf der es zur Welt kam.

Wasser, überall Wasser

Albatrosse können Salzwasser trinken. Über eine Drüse um Auge scheiden sie überschüssiges Salz wieder aus.

KOLIBRIS

Was summt denn da?

Ein Kolibri kann derartig schnell mit den Flügeln schlagen, dass ein summendes Geräusch entsteht. Er bringt es auf mindestens 50 Flügelschläge pro Sekunde!

Wusstest du …

… dass es mehr als 325 Kolibriarten gibt? Jede davon schimmert und schillert in anderen Farbkombinationen.

Kunstflieger

Kolibris sind die einzigen Vögel, die rückwärtsfliegen können.

Göttertrank

Um süßen Blütennektar zu trinken, stehen die Kolibris flügelschlagend in der Luft.

Klein, aber hungrig

Ein Kolibri muss siebenmal in der Stunde Nahrung zu sich nehmen, damit er nicht verhungert. Deshalb fliegt er etwa 1000 Blüten pro Tag an!

PFAU

Warum geben Pfauen so an?

Ein männlicher Pfau besitzt mehr als 200 wunderschöne, schillernde Federn, die er zu einem Fächer ausbreiten kann. Je beeindruckender das »Rad« ist, das er schlägt, desto mehr Glück hat er bei den Pfauhennen.

Pfauen sind nicht wählerisch

Sie fressen alles, was ihnen vor den Schnabel kommt, zum Beispiel Früchte, Mäuse und sogar junge Schlangen!

Großer fliegender Vogel

Pfauen sind sehr groß, können aber trotzdem fliegen ... etwa wenn ein Fressfeind naht.

Schwer bewaffnet

An der hinteren Zehe des Pfauenfußes ist eine lange Kralle. Im Kampf setzt der Pfau sie als Waffe ein.

Unscheinbar

Pfauhennen haben ein sehr unauffälliges Gefieder, das sie gut tarnt, wenn sie im Nest sitzen und brüten.

ROTKEHLCHEN

Warum hat das Rotkehlchen eine rote Brust?

Um Artgenossen aus seinem Revier zu vertreiben, streckt das Rotkehlchen die rote Brust raus. Manche Vögel locken mit ihren bunten Federn Partner an, das Rotkehlchen dagegen nutzt sie als Abschreckung.

Einschmeicheln

Ein Männchen, das um ein Weibchen wirbt, bringt Futter mit. Denn wenn es mit leerem Schnabel käme, könnte das Weibchen angreifen.

Sommermenü

Im Sommer fangen Rotkehlchen gerne Insekten und Würmer. Im Winter fressen sie mehr Früchte.

Originell

Rotkehlchen haben einen ganz eigenen Geschmack. Sie nisten in Booten, Blumentöpfen, Gießkannen oder sogar in der Manteltasche einer Vogelscheuche.

Findest du ...

... die Wanderdrossel, die sich hier eingeschlichen hat? Sie ähnelt dem Rotkehlchen, ist aber schwarz und an Brust und Bauch rot.

SCHWÄNE

Warum haben Schwäne so einen langen Hals?

Damit sie mit dem Schnabel bis ganz auf den Grund reichen. Sie fressen Pflanzen, aber auch kleine Frösche und Würmer.

Findest du …

… den Trompeterschwan? Sein Schnabel ist nicht orange, sondern schwarz.

Geh nicht zu nah ran!

Schwäne halten zu uns lieber Abstand. Wenn es ihnen zu eng wird, fauchen sie und breiten die Flügel aus.

Langer Hals

Schwäne zählen zu den größten flugfähigen Vögeln. Am Boden und im Wasser halten sie den Hals anmutig gebogen. Im Flug strecken sie ihn gerade aus.

Familienglück

Schwäne bleiben ein Leben lang mit demselben Partner zusammen und kümmern sich liebevoll um ihre Küken.

WIEDEHOPF

Wo kommt denn dieser Name her?

Es ist ein sehr alter Name und wahrscheinlich vom Ruf dieses Vogels abgeleitet. Er klingt so ähnlich wie »huphup«. Der Wiedehopf ruft, um Artgenossen von seinem Revier fernzuhalten.

Auge um Auge

Männchen kämpfen erbittert gegen Rivalen. Sie picken einander sogar in die Augen.

Höhlenheim

Wiedehopfe nisten gerne in Löchern in Bäumen oder Mauern. Damit andere Tiere nicht hineinkönnen, muss das Einflugloch klein sein.

Kopfschmuck

Die langen Federn auf dem Kopf des Wiedehopfs bilden eine Federkrone. Ist der Vogel aufgeregt, stellt er sie auf.

Ab in den Schlamm!

Mit seinem langen Schnabel kann der Wiedehopf gut graben. Er holt sich aus dem Boden Insekten oder auch kleine Frösche.

MANDSCHURENKRANICH

Was ist an Kranichen so besonders?

Kraniche sind sehr große und elegante Vögel. In Asien glaubt man, dass sie Glück bringen. Sie können nicht nur sehr gut fliegen, sondern auch schwimmen, obwohl sie keine Schwimmhäute haben.

Geselliges Schnurren

Kraniche sind gerne mit Artgenossen zusammen. Sie unterhalten sich mit schnurrenden Geräuschen.

Liebeswerben

Um einen Partner zu finden, führen Kraniche komplizierte Tänze auf. Sie fliegen in die Luft, verbeugen sich und recken den Hals hoch.

Wie eine Burg

Damit die Küken vor Eulen und Wildkatzen sicher sind, bauen Mandschurenkraniche ihr Nest über einer hohen Plattform aus Pflanzenteilen. Manchmal bildet sich rings um das Nest ein Wassergraben.

Nahrung im Überfluss

Die Küken schlüpfen zu einer Zeit, in der es sehr viele Insekten gibt.

FRESSEN MIT SCHNABEL

Warum haben Vögel einen Schnabel?

Ein Schnabel ist leichter als ein Gebiss, und um fliegen zu können, müssen Vögel leicht sein. Vogelschnäbel haben sehr unterschiedliche Formen. Jede ist optimal an die Ernährung der betreffenden Art angepasst.

Zum Reißen

Wie alle Greifvögel haben auch Habichte einen gebogenen Schnabel. Damit lässt sich Fleisch gut in kleine Stücke reißen.

Zum Picken

Der Bienenfresser hat einen langen schmalen Schnabel, mit dem er kleine Dinge aufpicken kann. Er fängt damit eine Biene im Flug und klopft sie so lange gegen einen Baumstamm, bis sich ihre Giftdrüse entleert hat. Dann verschlingt er sie.

Zum weit Öffnen

Der Ziegenmelker kann seinen Schnabel sehr weit aufreißen und Insekten im Flug regelrecht einsammeln.

Zum Zustoßen

Der Reiherschnabel ist so scharf und spitz wie ein Dolch. Der Reiher stößt damit schnell auf seine Beute ein und spießt sie auf.

Zum Knacken

Der Kernbeißer hat einen harten, kegelförmigen Schnabel. Dieser ist so kräftig, dass er damit Nüsse knacken kann, sein Lieblingsfutter.

VOGELGEZWITSCHER

Warum singen Vögel?

Vögel verstecken sich gerne vor Fressfeinden, wollen aber mit Artgenossen in Kontakt bleiben. Deshalb stoßen sie kurze Rufe aus oder zwitschern ihre Lieder. Bei manchen Arten sind die Gesänge lang und kompliziert.

Supersänger

Der Schilfrohrsänger singt von allen Vögeln das längste und komplexeste »Lied«.

Musik erwärmt das Herz

Schnäpperwürger zwitschern mit dem Partner im Duett, um die Beziehung zu stärken.

Gesangsstunde

Singvogelküken erlernen ihren Gesang ab dem zehnten Lebenstag. Kleine Zebrafinken werden von ihrem Vater unterrichtet.

Vogelchor am frühen Morgen

Singvögel zwitschern kurz vor und kurz nach dem Sonnenaufgang am lautesten und längsten. Zu den Allerersten zählen die Feldlerchen.

STADTVÖGEL

Warum kommen Wildvögel in die Städte?

Manche Vögel passten sich an das Leben in der Nähe des Menschen an und lieben Städte. Dort ist es wärmer, und das Nahrungsangebot ist groß. Die Vögel finden hier essbare Abfälle und gut gefüllte Futterhäuschen vor.

Beton-Dschungel

Auf New Yorker Wolkenkratzern nisten Wanderfalken. Die hohen Gebäude fühlen sich für die Falken so ähnlich an wie die Felsklippen, an denen sie in freier Natur leben.

Was wir wegwerfen, ist für Vögel wertvoll

Stadtvögel bauen ihre Nester in weggeworfenen Dingen wie Dosen oder Kartons.

Warmes Plätzchen

Oft ist es in einer Stadt um 5 °C wärmer als im Umland. Nacht für Nacht fliegen Millionen von Staren in die Londoner Innenstadt, um im Warmen zu schlafen.

Vogelsoprane

Spatzen und Amseln zwitschern und singen in der Stadt in höheren Tonlagen, um trotz des Stadtlärms gehört zu werden.

VOGELGÄSTE IM GARTEN

So wird dein Garten zum Vogelparadies

Vögel brauchen sichere Orte zum Leben und Fressen. Mache deinen Balkon oder Garten zu einem solchen Ort!

Winterfutter

Bastle oder kaufe Futterspender und fülle sie mit Samen und Nüssen. Hänge auch ein paar Meisenknödel auf. Das fetthaltige Futter wärmt den Vogelkörper. Achte darauf, dass die Futterstellen außerhalb der Reichweite von Eichhörnchen und Katzen sind!

Frühjahrsfreuden

Im Frühling und im Sommer suchen Vögel auf dem Rasen nach Insekten und Würmern. Gib jetzt keine ganzen Nüsse in die Futterspender, denn Küken könnten daran ersticken.

Nistkasten

Hänge einen Nistkasten auf. Blaumeisen und Kohlmeisen nisten gerne in Kästen mit kleinem Einflugloch. Rotkehlchen, Zaunkönige und Bachstelzen mögen ein großes Loch vorne, damit sie hinausschauen können.

Vogelbad

Durstige Vögel und solche, die gerne mal planschen, freuen sich über ein Vogelbad. Es ist an heißen, trockenen Sommertagen bei Vögeln ebenso beliebt wie im Winter, wenn Pfützen, Bäche und Teiche gefroren sind.

Vogelfreundliche Pflanzen

Pflanze im Garten auch das, was Vögel mögen. Sonnenblumen liefern im Herbst große Mengen an leckeren Samen: die Sonnenblumenkerne.

ALLES GEFUNDEN?

Hast du die 15 Eier gefunden, nach denen du am Anfang des Buches gefragt wurdest?

20-21 Eisvogel

8-9 Vögel beobachten

22-23 Flugunfähige Vögel

14-15 Bartkauz

24-25 Sekretär

16-17 Flamingos

32-33 Nester

40-41 Pfau

42-43 Rotkehlchen

44-45 Schwäne

46-47 Wiedehopf

48-49 Mandschurenkranich

52-53 Vogelgezwitscher

54-55 Stadtvögel

56-57 Vogelgäste im Garten

VOGELWÖRTER

So reden Vogelexperten

Vogelzug

Zugvögel fliegen im Herbst in den Süden, um dort die Wintermonate zu verbringen. Auf S. 12 erfährst du mehr darüber.

Brüten

Vogeleltern setzen sich auf die Eier, um sie zu wärmen. Das nennt man brüten. Dadurch können sich die Küken entwickeln.

Jungvogel

»Jungvogel« ist das Vogelexpertenwort für »Küken«. Jungvögel sind beim Schlüpfen nackt oder mit Flaum bedeckt. Das Gefieder, das ihnen das Fliegen ermöglicht, bekommen sie erst später.

Tarnung

Weil ihr Gefieder so ähnlich gefärbt ist wie die Umgebung, in der sie sich meistens aufhalten, sind manche Vögel gut getarnt.

Fleischfresser

Fleischfresser fressen andere Tiere.

Pflanzenfresser

Das sind Vögel, die sich nur von Pflanzen, Pflanzenteilen und Früchten ernähren.

Insektenfresser

Ein Insektenfresser lebt von Insekten, von ihren Eiern und Maden sowie von Spinnen.

REGISTER

Für meine wundervolle Nichte Shir Zommer, in Liebe

Weitere Informationen zum Kinder- und Jugendbuchprogramm der S. Fischer Verlage finden Sie unter www.fischerverlage.de

Aus Verantwortung für die Umwelt hat sich der Fischer Kinder- und Jugendbuch Verlag zu einer nachhaltigen Buchproduktion verpflichtet. Der bewusste Umgang mit unseren Ressourcen, der Schutz unseres Klimas und der Natur gehören zu unseren obersten Unternehmenszielen.

Gemeinsam mit unseren Partnern und Lieferanten setzen wir uns für eine klimaneutrale Buchproduktion ein, die den Erwerb von Klimazertifikaten zur Kompensation des CO_2-Ausstoßes einschließt.

Weitere Informationen finden Sie unter: www.klimaneutralerverlag.de

MIX
Aus verantwortungsvollen Quellen
FSC® C102842

Erschienen bei FISCHER Sauerländer

Titel der Originalausgabe: The Big Book of Birds

Published by arrangement with Thames & Hudson Ltd, London
Übersetzung aus dem Englischen: Cornelia Panzacchi

Umschlaggestaltung: Norbert Blommel, MT-Vreden, Vreden
mit Illustrationen von Yuval Zommer
Layout und Satz: MT-Vreden, Vreden

ISBN 978-3-7373-5810-1